让孩子赢在礼仪教养

李亚男 ◎ 著　　书虫文化 ◎ 绘

北方妇女儿童出版社
·长春·

版权所有　侵权必究

图书在版编目（CIP）数据

让孩子赢在礼仪教养 / 李亚男著；书虫文化绘.
长春：北方妇女儿童出版社，2025.1. -- ISBN 978-7
-5585-8983-6

Ⅰ．K891.26-49

中国国家版本馆 CIP 数据核字第 2025M9C065 号

让孩子赢在礼仪教养
RANG HAIZI YING ZAI LIYI JIAOYANG

出 版 人	师晓晖
责任编辑	于德北
封面设计	书虫文化
开　　本	720mm×1000mm　1/16
印　　张	6
字　　数	100 千字
版　　次	2025 年 1 月第 1 版
印　　次	2025 年 1 月第 1 次印刷
印　　刷	三河市南阳印刷有限公司
出　　版	北方妇女儿童出版社
发　　行	北方妇女儿童出版社
地　　址	长春市福祉大路 5788 号
电　　话	总编办：0431-81629600

定　　价	29.80 元

前 言

在纷繁复杂的现代社会中，人与人之间的交往日益频繁。作为一门艺术、一种文化、一种行为规范，社交礼仪不仅关系到个人的外在形象，更深刻地影响着人际关系的和谐与发展。礼仪是人与人之间相互尊重、和谐相处的桥梁，是社会文明进步的缩影。

礼仪的起源可以追溯到古代，它是人类社会长期发展过程中形成的一种行为规范。在不同的历史时期，礼仪有着不同的表现形态和内涵。从古代的宫廷礼仪到现代的商务礼仪，从东方的茶道到西方的餐桌礼仪，礼仪在不同的文化背景下展现出独特的魅力。

在现代社会，礼仪不仅仅是一种形式，更是一种内在素质的体现。它教会我们如何在不同的社交场合中得体地表现自己，如何尊重他人，如何建立良好的人际关系。一个懂得礼仪的人能够在人际交往中游刃有余，赢得他人的尊重和信任。

礼仪能够帮助我们更好地融入社会，更好地与他人沟通和交流。无论是在职场中，还是在日常生活中，礼仪都是我们不可或缺的社交工具。它教会我们如何在不同的场合中使用恰当的语言和行为，如何在尊重他人的同时展现自我。

礼仪远不止于表面的礼节，它更是一种对他人的尊重和理解。礼仪涉及生活的方方面面，从言谈举止到服饰打扮，从餐桌礼仪到商务交往，无一不体现着礼仪的重要性。

礼仪是人际交往的润滑剂，是社会和谐的基础。让我们在日常生活中不断学习和实践礼仪，用礼仪之光照亮我们的人际交往之路，让礼仪成为我们沟通的桥梁，让文明之花在每个人心中绽放。

目 录

请安、问候，落落大方……………………………………… 2

去别人家做客要有礼貌…………………………………… 6

好好说话，从"不打断别人"开始……………………… 10

不要评论别人的外表，除非是赞美…………………… 14

用餐文雅，轻声说话……………………………………… 18

尊重比自己年长的人……………………………………… 22

不要用手指指别人………………………………………… 26

建立与他人的界限………………………………………… 30

打喷嚏时要遮面…………………………………………… 34

接打电话有礼貌…………………………………………… 38

公共场合保持安静………………………………………… 42

乘车出行有礼仪…………………………………………… 46

个人礼仪——节俭………………………………………… 50

与人交谈，要认真倾听…………………………………… 54

坐姿要端正………………………………………………… 58

仪表堂堂，穿衣得体……………………………………… 62

记住别人的名字…………………………………………… 66

守时是最基本的礼仪……………………………………… 70

站起来表示对别人的尊重………………………………… 74

要常常说"谢谢"…………………………………………… 78

微笑有礼…………………………………………………… 82

日常用品要摆放有序……………………………………… 86

不霸占公共物品…………………………………………… 90

请安、问候，落落大方

见面问候是我们向他人表示尊重的一种方式，虽然它只是打招呼、寒暄，或者简单的三言两语，却代表着我们对他人的尊重。

 你更喜欢谁的做法？

言之有"礼"

早上起床要对父母说:"爸爸妈妈,早上好!"

睡前要对爸爸妈妈说:"爸爸妈妈,晚安。"

放学回家要说:"妈妈,我回来了。"

见到老师和同学要问好。

给家人请安、向外人问好,这些是最基本的礼貌。

这厢有礼

"辨九拜，一曰稽首，二曰顿首，三曰空首，四曰振动，五曰吉拜，六曰凶拜，七曰奇拜，八曰褒拜，九曰肃拜，以享右，祭祀。"

——《周礼·春官宗伯》

稽首礼，一般用于君王举行祭祀天和地的郊祀礼、臣子拜君王、子拜父等重要的礼仪场合。在周代"九拜"礼中，稽首礼最为重大。春秋时，晋国大夫士季向晋灵公进谏时，行的就是稽首礼。

问候的方式

直接式

适用于正式的交往场合，如"您好""大家好""早上好"等。

间接式

适用于非正式、熟人之间的交往。比如"最近过得怎样""忙什么呢""您去哪里"等，来替代直接式问好。

敲黑板

问候的态度要主动、大方。

礼仪小课堂

问候的次序

一对一的问候：

通常是身份较低者或年轻者首先问候身份较高者或年长者。

一对多的问候：

如果同时遇到多人，可以笼统地加以问候，比如"大家好"。当一个人逐一问候多人时，可以由"尊"而"卑"、由"长"而"幼"地依次而行，也可以由"近"而"远"依次而行。

去别人家做客要有礼貌

去别人家做客时，最好只在客厅活动，不要随意进出别人的卧室等私人区域。

 谁的做客行为更有礼貌？

·做客要懂礼·

你去别人家做客的时候,有没有做到下面这几条?

1. 主动问好。

2. 不抢他人玩具。

3. 未经允许,不要随便动主人东西。

4. 父母同意后才可以接受他人的食物,并礼貌致谢。

5. 即使主人有什么地方招待不周,也不要"童言无忌"。

推己及人,相信你肯定也不欢迎上蹿下跳、嘻哈打闹、随意翻箱倒柜的孩子来自己家里做客。

这厢有礼

在别人家里做客时，要遵守"做客之道"，千万不能忽视一些精神层面的东西，要以礼相待、互相尊重，这样你和他人之间的人际关系才会更好、更长久。

《礼记》："将上堂，声必扬，户外有二屦，言闻则入，言不闻则不入。将入户，视必下。"

做客之礼

1. 准时到达
做客的人要按照约定准时到达做客地点，不要迟到或者太早就到。

2. 叩门按铃
按铃或敲门时，要把握好力度和节奏，切忌用力敲打或用脚踹门。

3. 进门问候
到达主人家后，先向主人问候，还要同主人的家属及客人打招呼。

礼仪小课堂

- 如果已经约好见面的时长，到点就应该告辞。
- 如果双方事先没有约定见面时间长短，一般以一小时左右为宜。
- 当双方谈完事情，就应及时起身告辞。
- 到了休息时间，也应立刻告辞。除非你想请对方吃饭，或者对方请你吃饭，否则快到用餐时间，应起身告辞。
- 当有其他人来访时，也应尽快告辞。

好好说话,从"不打断别人"开始

随着年龄的增长,我们的自我意识越来越强,对外界事物的兴趣也越来越浓。我们不仅关注自己的世界,也更渴望接触大人的世界,了解大人的事情。所以在大人们交谈时,我们会不由自主地参与进去。

 你觉得两个孩子的做法对吗,为什么?

你打断过别人说话吗

1. 在大人之间不停地来回跑动，引起大人的注意。

2. 故意"找碴儿"。感觉自己被忽略，弄些小别扭，甚至哭闹，让大人的谈话不得不停止。

3. 插嘴。对别人谈论的内容产生"共鸣"，急于"表现"自己，想讲一讲自己的"看法"，于是不顾场合地打断别人的谈话。

喜欢打断别人的发言，甚至在别人说话的时候就开始插嘴，这不仅会引起对方的不满和厌烦，还可能会影响对方的情绪和表达效果。

这厢有礼

在中国传统文化中,如果发生打断别人说话的情况,常常用"失言"或"冒犯"等词语作为道歉的理由。

> 刚刚打断了您说话,是我冒犯了。

古代人还会拜访对方并递上礼物,表示自己的歉意,有时也会写一张道歉信或诗歌以表达自己的歉意和内心情感。总之,古代的道歉文化注重尊重他人和保持社交礼仪。

爱插话有什么影响？

影响一：社交困难

如果你平时老是喜欢打岔，不考虑别人的意见，有可能就会遇到很多社交问题。

影响二：做事马虎

如果平时总是喜欢打断别人谈话，说明你在做事的时候可能特别没有耐心。

礼仪小课堂

·不打断别人有妙招儿·

第一招儿：礼貌地介入他人的谈话。

你要等别人停顿的时候，再开始说你的事，或者礼貌地问一句："我能插一句话吗？"

第二招儿：耐心等待。

如果有急事，你可以等对方讲话停顿的时候，再去说话。

第三招儿：可以利用简单的总结来加快对方的说话节奏。例如："哦！听到这里，我大致明白了，你刚刚提到三个要点，一是……二是……三是……所以你主要是在价格上有所考量，对吧？"

不要评论别人的外表，除非是赞美

你对他人所做的评价，不一定能够真实地代表他人，但却能暴露你自己的无知和无礼。不随意评价他人是对他人生活的尊重，同时也是自己拥有良好品格的体现。

你这身上全是肉，怎么能踢足球？

我脸上的胎记很丑吧？

你不说我都没发现，它像小蝴蝶一样可爱！

你觉得哪个小朋友的行为是对的？为什么？

你为什么评论别人

1. 认为别人不如自己。

2. 受父母和周围环境的影响。

3. 喜欢评价他人的孩子，往往生活在经常被评价的环境当中。

不要随意对别人的身体、外貌提出批评，你可以夸别人哪里好看，但是不要对他们的缺点提出批评。说别人丑、胖，都是很不礼貌的行为，这些都是对别人的不尊重。

这厢有礼

南北朝时的小说集《世说新语》,描述潘安长得漂亮的词是"美姿仪",形容夏侯玄则是"朗朗如日月之入怀"。

《世说新语》这样描述李安国:颓唐如玉山之将崩。

《世说新语》这样描述王羲之:风骨清举。

当古人夸赞别人的美貌时,并不喜欢用正面描写,而喜欢用比兴、烘托的手法侧面衬托出一个人的美,对男子之美的描述,着笔更加惜墨如金。

如何改正喜欢评价别人的习惯？

1. 树立尊重他人的意识

在与同学或朋友交往的时候，首先应该尊重对方、平等友善，不随意点评他人的外貌，尊重每一个人的人格。

2. 懂得心灵美才是真的美

我们社会中的许多人都在用自己的一腔热血或生命为社会做贡献，他们的品德是高尚的，他们的心灵是纯洁的，因此他们就是美丽的。

3. 家长以身作则，用行动感染孩子

家长首先应该做到不以貌取人，平等地对待身边的人和事，这样孩子才会受到家长的鼓舞和影响，改掉评价别人的习惯。

礼仪小课堂

不随便评价别人的外貌是尊重他人的表现。

每个人都有自己的外貌特征，我们没有权利去评判或嘲笑别人的外貌，这样做可能伤害别人的自尊心和自信心。因此，无论是在人面前或是背后，都应避免对别人的外貌进行评价。

用餐文雅，轻声说话

一边吃饭一边讲话是一种既不礼貌又不卫生的习惯。在餐桌上，得体的举止和礼仪是我们应该遵循的基本规范。

 你认为图中谁的做法是有礼貌的？你外出用餐的时候是什么表现呢？

·用餐有礼·

吃饭的时候,如果别人用奇怪的目光盯着你,可能是你没有遵守餐桌礼仪哦!这时,你要检查一下,自己是不是有以下的这些行为呢?

1. 吃饭时大声说话。

2. 拿餐具当玩具,发出很大的响声。

3. 狼吞虎咽,发出很大的咀嚼声。

学会文明用餐,不要让自己成为被大家讨厌的那个人。

这厢有礼

中国伟大的教育家孔子说:"食不言,寝不语。"也就是说,吃饭和睡觉时不应该发出声音。

《孟子》中有一句名言:"饭疏食饱,居有余,脾气和,志意好。"

这句话告诉我们,在饮食方面应该适度,不要过度饱食。只有我们保持适度的饮食,我们的身心才能健康和谐。同时,在用餐时,我们应该保持文雅的言谈举止,不大声喧哗。

中国是礼仪之邦,无论在古代,还是现代,饮食礼仪在中国文化中都占有重要的位置。

·不要当众剔牙·

在餐桌上享受美食的时候，难免有东西塞进牙缝的情况，那么该如何应对呢？

礼仪小课堂

聚餐是中国人最常见的聚会方式，所以吃饭时的举止不仅是重要的社交礼仪，也体现着对别人的尊重，更是自己文明素养的体现。

尊重比自己年长的人

尊重长辈是我们应该具备的基本礼仪。在与长辈交往时，要注意自己的言行举止，尊重长辈的意见和决策。

"这样太恶心了！"

"爸，您消消气，您说的我都听进去了。"

"这还差不多。"

你知道怎样尊重长辈吗？图中的事例，你觉得谁做得好？

·称呼有礼·

如何称呼比自己年长的人？

1. 以职位相称

比如医生、老师，可以带着对方的姓氏，尊称对方一声某老师，或者某医生。

2. 按年龄称呼

当我们不认识对方，但是又需要交流时，可以按照对方的年龄来称呼，比如叔叔、伯伯、爷爷、奶奶、阿姨等。

3. 按照辈分称呼

如果是亲戚，就要称呼该有的辈分，比如舅舅、伯父、伯母等。

4. 按照父母的指示称呼他人

若是陪同父母一起去见长辈，你就要按照父母的指示称呼长辈。

年岁比较大的人都不喜欢别人对自己的称呼太随意，他们希望别人有礼貌地称呼自己。

这厢有礼

"为人子,坐不中席",说的就是晚辈不该坐上位。

在古代,吃饭的时候请长辈或客人坐上座也是一种礼仪。

在古代,身份尊贵的人习惯坐北朝南,也就是说,朝南也是上位。

如何尊重长辈

1. 培养感恩之心

明白长辈对于家庭的付出，懂得老人的疼爱不是理所应当的。

2. 从小事入手

在父母劳累时，为父母捏捏肩；吃饭时，主动为他们盛饭夹菜、端茶倒水。

3. 听祖辈讲过去的故事

和爷爷奶奶聊天儿，翻翻老照片，听他们讲讲过去的生活、理想、爸爸妈妈的成长等，表达对祖辈的尊敬和关爱。

礼仪小课堂

要想得到他人的尊重，就需要先学会尊重别人，让孩子学会尊重长辈也是一样的道理。如果家长平时对待老人没有礼貌，甚至对自己的父母说一些伤人的话，那么孩子在家长耳濡目染的影响下也会有样学样。

不要用手指指别人

 图中哪个孩子的做法让人觉得舒适，为什么？

·肢体之礼·

为什么孩子总用手指着别人？

1. 模仿他人

在生活中，很多孩子并不知道这样的行为是不礼貌的，他们有这样的行为，其实大多数都是在模仿他人。

2. 本能反应

他们只是通过这样的行为告诉家长，他对这个人感兴趣或者有事情想要跟他一起做，才会有这样的行为。

用手指着人说话很容易引起误解和不和谐，会让被指的人感到不舒服，在交流中产生障碍和不适。

这厢有礼

古人用手指点对方时往往使用以下几个方法：点指、并指、戳指。

点指

点指也就是指指点点，这个动作最为常见。

并指

并指是用食指和中指并拢指向对方，一般来只有在非常生气时才会用这个手势。

戳指

戳指是程度最严重的手势，用食指或者食指与中指并拢，直指对方面门，也就是所谓的"指着鼻子骂人"，针对性极强。

"用手指指人"给别人的感受

❶ 介绍人们相互认识时，如果用食指指人，你会给别人一种高高在上的感觉。

❷ 清点人数时用食指指人，给人的印象是你在数物品。

❸ 招呼别人时用食指指人，会让对方觉得你自高自大、不把对方放在眼里。

❹ 双方交谈提到对方时用食指指人，会有威胁和蔑视对方之嫌。

❺ 在别人背后指指点点，会有说别人闲话的嫌疑。

❻ 用食指指人有侮辱、轻蔑之嫌，应坚决杜绝。

礼仪小课堂

1. 指人时应该使掌心向上、四指并拢，做类似于"请"的姿势和动作。

2. 指自己时也不要使用食指，而要用手指并拢触胸或以掌心按胸。

3. 做手势时，动作幅度应加以控制，上举不要超过对方头部，向下不要低于自己的腰部。

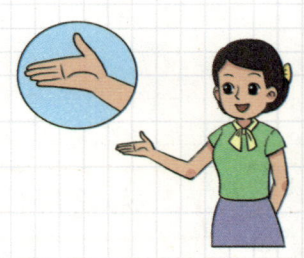

建立与他人的界限

人与人的关系中都是需要有界限的,在与人的交往中,我们要保持适当的距离。在与人相处时,无论是和对方说的话还是做的事情,都要适度,千万不要触及别人的底线。

 你觉得他们的做法"越界"了吗,为什么?

缺乏"界限感"的表现

1. 责任意识模糊

"界限感"的缺乏会让孩子把责任推卸到其他人身上，最终的结果就是成为一个处处需要家长照顾的巨婴。

2. 以自我为中心

无法清楚认知界限，把别人的东西看作自己的。

3. 不会拒绝他人

无法清晰界定自己与别人责任之间的界限，长大后在生活和工作中也难以获得舒服的社交距离。

这厢有礼

跟孔子学相处之道——关系需要界限

子贡问友。子曰:"忠告而善道之,不可则止,毋自辱也。"

译文:

子贡问孔子怎样对待朋友。孔子说:"忠诚地劝告他,努力恰当地去引导他,如果他不听也就罢了,不要自取其辱。"

这是孔子回答子贡的"为友之道",劝解朋友要适可而止,不要介入别人的生活、替别人做决定、试图左右别人的生活和选择。孔子之所以对子贡说这么一番话,是因为子贡喜欢对别人评头论足,孔子因材施教,给出了这样的答案。

我们能够认清自我边界、行为有度,这既是对他人的尊重,也是对情感的负责,建立良好的边界感和分寸感是一个人一生的修行。

礼仪小课堂

如何建立"界限感"

1. 尊重别人的空间边界

不强行打扰别人,尊重他人的独处时光;如果是公共场合,例如图书馆,保持安静以确保他人的空间不被干扰;在电影院内或是高铁上,对号入座,不抢占别人的位置……这些都是尊重别人空间边界的表现。

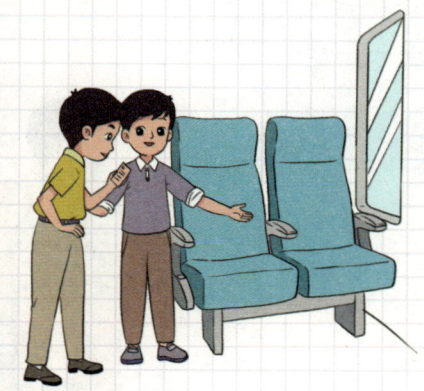

2. 尊重别人的物品边界

物品边界指的是每个人都拥有属于自己的专属物品,拥有对物品的使用权和处置权。我们对自己的物品有使用权和处置权,同样也要尊重别人的物品边界。

打喷嚏时要遮面

你能接受身旁有人在打喷嚏时毫不遮掩,把鼻涕和唾沫喷得到处都是吗?我想你是不愿意接受的。所以,当我们自己在打喷嚏时,应尽量遮住口鼻。

 你更喜欢画面中谁的做法?

打喷嚏时我们该如何做

正确做法

用纸巾遮掩口鼻。

如果没有纸巾就用手肘挡住。

错误做法

打喷嚏时不遮挡。

用手遮挡口鼻。

小叮咛

打喷嚏的时候一定不要对着别人的脸，这样不但会传播细菌和病毒，还会把口水喷到别人的脸上，这是非常不文明的行为哟！

这厢有礼

饮酒遮面

中国自古是礼仪之邦,饮酒时用袖子挡住面部也是一种礼仪,以此来保证自己不失态,也表示对对方的尊重。

却扇礼

却扇礼是古代女子结婚出嫁时的礼仪。女子结婚时,手持团扇,以扇遮面,在团扇的遮掩下嫁入夫家。古人行却扇礼是为了不让其他人看见新娘的脸,同时也是为了遮煞和辟邪,为新人祈福。

便面

在北宋时期,如果人们在街上遇到了自己不想打招呼或者不方便打招呼的人,就会打开扇子遮住自己的半边脸,这种做法被称为"便面"。

> 古人不仅在打喷嚏时会遮面,在做很多事情时也都会遮面,否则会被人认为失礼。

科普时间

一个喷嚏最远能喷射 5 米左右，而喷嚏中的微小飞沫则能够飞行大约 10 米。

敲黑板

有人会在打喷嚏时用双手捂住口鼻，从疾病防控的观点来看，这是错误的做法。如果手上沾染了病毒，很可能会通过互相握手、接触门把手、敲击电脑键盘等方式，将病毒转移到这些物体的表面，进而传染给他人。

礼仪小课堂

1. 打喷嚏时应将身体转向一侧，避免对着餐桌。
2. 打喷嚏使用过的餐巾纸不能随地乱丢，应丢入垃圾箱。
3. 如果你在打喷嚏时用手捂住了口鼻，就要在第一时间去洗手。
4. 我们也应注意在与人谈话时应保持一定距离，不正对他人交谈，说话语音不要过大，避免口沫四溅。
5. 在感冒初期，如果需要外出，而且有可能与他人合用交通工具、电梯以及办公场所等，应自觉佩戴口罩，以防止病菌经咳嗽、喷嚏传播。

接打电话有礼貌

电话是便利的通信工具，在接打电话时使用的语言很关键，它直接影响着一个人的礼仪形象，人们可以通过电话中的沟通粗略地判断对方的人品、性格。

 图中两个孩子谁更有礼貌？你懂得接打电话的礼仪吗？

电话礼仪的方法和技巧

1. 可以在拨打电话之前先准备好想要讲的内容，避免在交谈中出现停顿或尴尬的表达。

2. 在接听电话时，要通过礼貌的问候来体现尊重和友好，例如："您好！请问您找谁？"

3. 在电话交谈中学会倾听，不要中途打断对方的发言，以免打断对方的思路或表达。

4. 接打电话时，不要玩儿手机游戏或同时进行其他活动，这样可以保证电话交流的专注度，提高沟通的效率。

5. 在电话结束时要有礼貌地道别，例如"再见""感谢您的来电"等。

6. 保护个人隐私：不要在电话交谈中随意透露个人信息，如地址、家庭情况等。

在接打电话时有礼貌，可以在一定程度上展现自己的优雅和对他人的尊重。

这厢有礼

随着人类社会的不断发展，通信工具也在不断演变，今天我们就来盘点那些曾经出现过的重要通信方式。

烽火

烽火，古代重要的军事通信手段，烽火的点燃表示出现战事。古代通常在边境建造烽火台，若发现外敌入侵，则点燃烽火，邻近烽火台看到则会相继点燃烽火，用以传递信息。

飞鸽传书

也叫鸿雁传书。古人利用鸽子飞得比较快、能辨认方向等多方面优点，驯化了鸽子，用以送信。"大雁传书"也是同理。

驿站

驿站是古代传递军事情报的官员休息的场所，可以提供食宿、更换马匹等。

在电话沟通中，要保持自信和清晰的表达，不要害羞或紧张，用自己独立的思考回答问题，避免使用模棱两可或含糊不清的言辞。

新闻

一个六岁女孩儿的报警电话。

女孩儿的家里着火了，她并没有很慌张，而是冷静地拨打火警电话，清晰地向消防员陈述具体情况："我们家里冒烟着火了。"并详细说出了自己所在的位置。

电话是为了能快速联系到对方，并向对方表达自己诉求的一种很重要的通信方式。

礼仪小课堂

尊重对方的时间：在打电话之前，先考虑对方的时间和隐私。

1. 不要在早上或深夜打电话，避免对方正忙于工作或在休息。

2. 在电话中控制语速和谈话时间，不要占用对方过多的时间。

公共场合保持安静

公共场所人员来往密集，保持安静是维持公共秩序的因素之一。大声喧哗不仅有损自身形象、影响他人活动，也扰乱了公众秩序。

你觉得两幅图中谁的做法是正确的，为什么？

公共场合中的社交礼仪

1. 尊重他人的需求

如果必须发出声音,尽量选择避开公共场合或者移动到相对独立的空间。

2. 保持低音

在公共场合说话的时候,我们应该尽量小声说话。

3. 避免使用手机和其他电子设备

在公共场合中使用电子设备时,使用振动模式来替代铃声。使用耳机来听音乐或观看视频也是一个很好的选择,这样可以避免干扰他人。

4. 尊重规定和指示

当我们进入公共场所时,应该主动了解规定并遵循,确保自己的行为不会对他人造成干扰。

5. 注意自身言行举止

避免大声咳嗽、打哈欠和举止亲密等行为,以避免他人的困扰。

遵循适当的社交礼仪并保持安静,有利于维护社会秩序和个人形象。

这厢有礼

你知道古代有哪些公共设施和公共场所吗？

生活设施和构筑物

这些包括但不限于牌坊、牌楼、拴马桩、石狮、灯笼、水井、华表、碑亭等，它们反映了古人对城市生活设施的需要，如水井和灯笼为居民提供了基本的生活需求，而牌坊和碑亭则用于纪念或标识。

商业性剧场

宋元时期的瓦舍勾栏与清代以茶园酒馆为代表的戏园是具有代表性的商业性剧场。瓦舍勾栏是宋元时期大城市里的一种大型游艺场所，用于各类技艺的表演，而茶园酒馆则是城市商业性剧场的一种形式。

神庙剧场

包括各种寺观庙宇剧场、会馆剧场以及宗祠剧场。这些剧场通常与宗教或文化活动相关，是进行宗教仪式和社区活动的重要场所。

相信不少人在乘坐高铁时都有过这样的烦心经历：有人无所顾忌地喧哗，有人高声接打电话，有人用手机外放歌曲、视频，还有些"熊孩子"追逐吵闹……喧闹嘈杂声特别容易影响人的心情和情绪，由此引发的矛盾十分常见。其实不只是在高铁上，在飞机、公交车、医院等公共场合，此类不文明现象屡见不鲜。

礼仪小课堂

正式场合、公共场所

1. 正式场合：在法庭、会议室、礼堂等场合中，人们需要保持安静，以便听清他人讲话或进行讨论。

2. 公共场所：在图书馆、博物馆、美术馆等场所中，人们需要保持肃静，以便他人学习和欣赏。

乘车出行有礼仪

在现代社会,我们的生活离不开交通工具。为了养成良好的习惯,平安健康地成长,我们必须懂得文明乘车的礼仪。文明乘车,才能给自己和他人营造一个和谐的出行环境。

 图中的行为你做过吗,你认为对吗?

乘公交车小细节

❶ 遵守秩序
乘车时按顺序先下后上，扶老携幼，不争先恐后。

❷ 爱护设备
主动买票，爱护车内设备。

❸ 尊老爱幼
乘车时，主动给老、弱、病、残、孕和抱小孩的乘客让座。

❹ 有序和谐
互谅互让，不在车门口拥挤。

❺ 文明乘车
不向车窗外吐痰、扔废弃物品。

❻ 维护秩序
车上发生不良行为时，敢于批评，勇于制止。

维护良好的公交秩序，营造和谐融洽的乘车氛围，需要我们每一个人的自律与自觉。

这厢有礼

【礼记】古人乘车的礼节

仆（pú）御妇人，则进左手，后右手；御国君，则进右手，后左手而俯。国君不乘奇车。

车上不广咳、不妄指，立视五巂（guī），式视马尾，顾不过毂（gǔ）。国中以策彗恤勿驱，尘不出轨。

——《礼记·曲礼上》

译文：

凡为妇人驾车，须先以左手执辔，同妇人侧背而立，然后用右手驾驶；为国君驾车，则面向国君，并稍俯身，以表敬意。国君不乘坐样式不对称的车。

在车上不要大声咳嗽，不可胡乱指点。站着，视线前及轮转五圈（约为九丈九尺）的距离；凭轼行礼时，视线及于马尾；转头看时，视线亦不超过车毂。进入国中就改用鞭子末梢摩擦着马，让它慢慢行走，以使灰尘不飞扬于辙迹之外。

如今汽车已成为现代社会最主要的交通工具之一，不管是日常出行，还是商务交往，都需要注意乘车礼仪。

礼仪小课堂

在遵守礼仪规则的同时，乘坐礼仪还可概括为"四尊三上"。
"四尊"就是客人为尊，长者为尊，领导为尊，女为尊；
"三上"是方便为上，安全为上，尊重为上。

个人礼仪——节俭

节俭不仅是一种品质、一种道德,也是一种礼仪,表达着我们对劳动者的尊重,它不应随着物质的丰富和社会的进步而改变。

 你觉得谁的做法是有礼仪、懂节俭的?

不要因为餐食免费而浪费食物

勤俭节约是中华民族的传统美德。地球上的资源都是有限的，我们应该取之有度、用之有节，养成勤俭节约不浪费的好习惯。所以，无论在什么样的场合都要坚持节俭。

小灯泡

在吃自助餐时，如果我们取餐过多，一方面会对我们的肠胃造成负担，进而影响身体健康；另一方面，这也是不遵守节俭礼仪、浪费食物的表现哟！

这厢有礼

"一粥一饭,当思来处不易;半丝半缕,恒念物力维艰。"在古代,下到臣民百姓,上到天子皇帝,都提倡勤俭。

明朝皇帝朱元璋给皇后过生日时,只用炒红萝卜、炒韭菜、两碗青菜和小葱豆腐汤宴请众官员,而且告知官员:今后不论谁摆宴席,只许四菜一汤,若有人违反,严惩不贷。

季文子是春秋时期鲁国的正卿,他执掌着鲁国的朝政和财富。虽大权在握,他却一心安于社稷,克勤于邦,克俭于家。在季文子的倡导下,鲁国朝野出现了俭朴的风气,并为后世所传颂。

> 俭,德之共也;侈,恶之大也。
> ——《左传》

当今社会快速发展，虽然物质生活富足，但我们要一贯坚持惜物和节俭。节约食物和能源，珍惜自然的馈赠，珍惜一菜一饭，珍惜他人的劳动和付出，这是我们的传统美德，我们要一直传承和发扬。

敲黑板

不要因为一些物品是免费或是廉价的，就抱着占便宜的心态去获取而导致浪费。

礼仪小课堂

1. 节约饭菜：多吃多取，少吃少取，不吃不取。

2. 虽然公共水源免费，但水很珍贵，切勿浪费。

3. 节约用电不只是因为可以省钱，更可以节约资源。

4. 购买过多的新衣服是浪费资源的表现。

5. 重复购买功能类似或相同的物品，也会导致浪费。

与人交谈，要认真倾听

语言是人们沟通的桥梁，有沟通就有倾听。倾听是一种修养，是与人相处必备的礼仪之一。

 你觉得谁的做法是有礼貌的？

倾听时要做到："眼到""口到""心到"

眼到

倾听他人讲话时，要用眼神给对方回应，可以看向对方的眼睛和眉头之间的位置。

口到

要避免长时间的沉默，及时进行语言的回应。

你说的很有道理。

心到

认真地思考他人讲述的观点。

对于你说的这一点，我有点儿疑惑。

小灯泡

倾听他人讲话时，眼神要自然，不可以一直盯住别人的一个部位，避免眼神在对方身上扫视。

这厢有礼

夫圣贤之书,教人诚孝,慎言检迹,立身扬名,亦已备矣。

——《颜氏家训·序致》

古代帝王都有上早朝的惯例。早朝之上,帝王倾听群臣谏言,根据臣民意见颁布政令。另外,古人也强调在为人处世中贵在「慎言」,避免「祸从口出」。

君子一言以为知,一言以为不知,言不可不慎也。

——《论语·子张》

与人交流时，我们不应抢着说话，需要给他人说话的空间，让他人有机会表达自己内心的想法。

敲黑板

当倾听他人讲话时，即使我们不同意对方的观点，或者对方说错了，也不要打断对方，要听对方把话说完。

礼仪小课堂

1. 调整姿态。以前倾、抬头等方式表示你对他人说的话有反应。

2. 眼神的接触。眼睛专注于对方的言辞、动作和表情。
3. 认同回应。用言语或点头的方式表达自己对他人的认同。
4. 设身处地地倾听。放下个人成见，站在他人的角度去感知他人的想法。

坐姿要端正

在与他人交流时，如果我们坐姿不端正，别人就会觉得我们不尊重对方。另外，坐姿不端正不仅影响个人形象，还会引起脊柱弯曲和视力问题。

 上图中谁的坐姿是正确的？

坐姿不端有危害

1. 影响个人形象,给人一种不尊重他人的感觉。

2. 导致脊柱歪斜,影响健康。

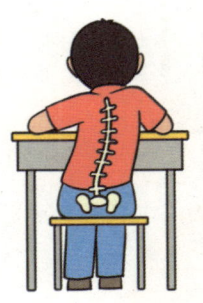

3. 影响视力。

4. 危害心理健康。

小叮咛

有人觉得端正的坐姿会给人一种受约束、不自在的感觉,但如果从小就养成良好的坐姿习惯,我们就会收获健康和正确的礼仪规范,并不会有不舒服的感觉哟!

这厢有礼

中国是礼仪之邦，古人连举手投足、站立坐卧都要有「行为规范」，要求「坐有坐相，站有站相」。下面一起来看看古人的一些「坐」法吧！

跪坐是一种表示恭敬和尊重的坐姿，尤其在宗教仪式、朝廷礼仪等场合经常见到。

古人也有不礼貌的坐姿，叫作"箕踞"，箕踞是一种轻视和傲慢的坐姿。

我们现在的坐姿——垂足坐，流行于宋朝。

良好的坐姿不但让人看起来有礼貌，也有助于减轻脊柱的压力，有益于骨骼发挥应有的功能，同时也会使骨骼更强壮更健康。

敲黑板

不良的坐姿不仅会导致脊柱侧弯等不良后果，也会使身体的血管、神经等受到压迫，影响健康和发育。

礼仪小课堂

1. 坐姿要端正，保持脊柱正直。

2. 要注意让长者、尊者和女士优先就坐。

3. 离开座位时动作要轻，不能因为动作过快而发出巨大声响或将椅子弄倒。

4. 落座后不应将两腿分开，不应跷二郎腿，更不能不停地抖动双腿。

5. 不要将腿搭在高处。

仪表堂堂，穿衣得体

穿衣服要穿对，穿着得体很重要。穿在身上的衣服传达的是人的精神面貌，穿着整洁得体不仅看上去阳光自信，也是一个人对别人尊重的表现，会给对方留下良好的印象。

今天是奶奶的生日，下面是我和妹妹给自己准备的服装……

 谁的衣服更得体呢？

不同场合穿衣有讲究

在轻松的休闲场合,适宜穿着舒适、自由的便装休闲服。

在温馨的家居场合,适宜穿着比较随意的、舒适的家居服。

在欢乐的喜庆场合,适宜穿着喜庆、色彩艳丽的衣服。

在悲哀、肃穆的场合,适宜穿着以黑色或其他深色、素色为主的服装。

在正规的社交场合,适宜穿着时尚、典雅和别致的衣服。

衣着整洁大方,才能给人舒服的感觉。

这厢有礼

衣裳

古代的"衣裳",指"衣"与"裳"两部分,上衣称作"衣",下衣称作"裳",上衣下裳,就好像天在上、地在下一样。这是教导民众要各守本分,把自己的分内事做好,国家就会安定和谐了。

在中国古代,衣冠的意义尤其重要。

冠礼

周朝有个"冠礼",就是所谓的成年礼。男子到了二十岁,就要举行"冠礼"的仪式,也称为"加冠"。

着装应注重朴素大方、整洁美观,而不应一味攀比、追求名牌,要讲究卫生、勤换勤洗衣物。

敲黑板

爱打扮是正常的,但是要适可而止,打扮得过于夸张和奇怪吸引来的不只是眼球,还有可能是嘲笑。

礼仪小课堂

·学生穿着礼仪·

1. 按要求穿规定的校服,不穿奇装异服。
2. 着装整齐,朴素大方,不披衣散扣。
3. 不穿背心、拖鞋、裤衩在校园行走和进入教室。
4. 课堂上不敞衣、脱鞋。
5. 不追求名牌,不穿中高跟鞋、厚底等款式的时装鞋,以旅游鞋等平底鞋为好。
6. 不佩戴项链、耳环(针)、戒指、手链、手镯等饰物。
7. 不涂脂抹粉,不画眉、文眉,不文身,不留长指甲,不涂指甲油。
8. 按要求修剪头发,不染发、烫发,不留过长的长发。

记住别人的名字

当我们与一个人打招呼时,如果我们能准确地说出他们的姓名,这表明我们对对方有足够的关注。这种关注可以增进我们与对方之间的友谊。

你觉得谁的社交能力更强呢?

如何快速记住别人的名字

1. 速念法

在你和他人第一次接触时,在询问对方的名字后,在心中默默念几遍。

2. 联想法

如果对方和你所知道的某些词语或者某个朋友的名字相似,那赶快把这个相似点记下来。

3. 多多称呼名字

在和他人交往时,多称呼对方的名字,能帮你把名字快速记下来。

4. 写下来

将名字写在本上,时长翻看,久而久之,想忘记也不容易了。

名字是一个人的象征性符号,牢记他人的名字可以帮助我们与其建立更好的关系。

这厢有礼

"名"是一个人出生时由父亲或长辈取的名字,通常与此人的性别、家庭背景或父母愿望有关。在古代,人们通常只称呼对方的"名",以示尊重。

"字"是在成年礼(如冠礼或笄礼)上,由长辈或朋友赐予的,通常在个人成年后使用,用于平辈之间的称呼,以示尊重和亲切。

> 古代的「名」和「字」是两个不同的概念,分别用于不同的社交场合。

礼仪小课堂

万一忘记对方的姓名怎么办？以下三个方法为你救场。

1. 相互做个自我介绍

场景：你正和一位熟悉的朋友聊天儿，突然莫名其妙地忘记了对方的名字。

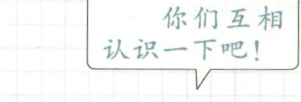

你们互相认识一下吧！

方法：别慌！这时你可以朝着走过来的那个人说："一起来聊会儿，对啦，你们不如相互做个自我介绍吧。"需要注意的是，无论是神情还是语调，一定要放松。

2. 重新做自我介绍

场景：如果在聊天儿过程中忘记对方的名字，为了避免下次遇到不知道怎么称呼的尴尬，还是需要知道对方的名字。此时，如果再开口问，对方会觉得你不在意他，怎么办？

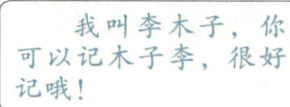

我叫李木子，你可以记木子李，很好记哦！

方法：在聊天儿快结束的时候，重新做一次自我介绍："和你聊天儿真开心，对了，再告诉你一遍，我叫×××。"注意，说完之后要马上满怀期待地看着对方。一般的情况下，对方也会再次报上自己的名字。

守时是最基本的礼仪

在生活中，人们往往会因不守时而错过机会或者受到教训。在社交中，我们要有时间观念，不同的场合对时间有着不同的要求，有些情况我们要提前到达，有些情况则要准时到达。重视时间，机会才会重视你。

> 答应你8点一起预习，我要守时。

> 下雨天你居然也准时到了？

> 乔乔怎么还不来？

> 我要再睡一会儿，时间还来得及。

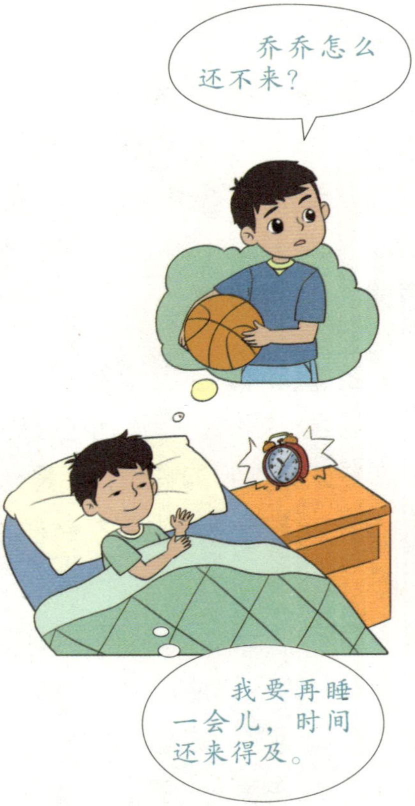

你在生活中遇到过以上情况吗？你是怎么应对的？

·不守时即为不尊重·

生活中的不守时行为。

1. 答应父母的事情没做到。

2. 和同学约好见面时间，没有守时。

3. 上学迟到。

守时就是遵守承诺，按时到达约定的地方。即便因为特殊原因不得不失约，也应该提前打电话通知对方，向对方表达自己的歉意。

这厢有礼

古代的"天然闹钟"——鸡和驴

古代人一般起床都非常早，公鸡打鸣后他们就会起来，就像"闻鸡起舞"的故事里所描述的。驴会在五更和正午时长鸣，不管刮风下雨都不会影响驴的这种习性，所以驴鸣也是古人的"天然闹钟"。

在没有闹钟的古代，大家又是如何做到准时起床的呢？

古代的"人工闹钟"

最早的"人工闹钟"被称为"鸡人"，那时候"鸡人"的工作就是通过学鸡叫给大家报时，让百官能够准时起床上朝。

守时小妙招儿

巧用时间表，养成守时好习惯

通过制订时间流程表，清楚地知道在什么时间应该做什么事。

生活作息有规律

试着在早起之后自觉地穿衣服、上厕所，然后刷牙、洗脸、吃饭，并养成习惯。

巧用闹钟

闹钟是教会我们守时的最好工具，巧用闹钟对培养我们守时的习惯很有效。

培养自己的时间观念，养成良好的时间管理习惯，这是每个人应该具备的社交意识。

站起来表示对别人的尊重

最常见的起立问好，就是在课堂上学生起立向老师问好。这个礼节的用意不只是提醒我们开始上课，也是一种必不可少的尊师礼节，以表达我们对老师应有的尊重。

 两幅图中的行为，你觉得谁更有礼貌呢？

"站"也有礼

一些必须站立的场合：

当升降国旗、奏唱国歌的时候。

当被正式介绍给别人的时候。

当客人到达和离去的时候。

当在学校开始上课的时候。

这种有礼貌的行为可以让我们在其他人中脱颖而出。

这厢有礼

动作幅度：古人在休息时本来就是跪坐的，幅度很小，且很日常。下拜也只是在坐着的时候，顺势弯下腰、抬个手，也不是大动作。而在起身离座时，动作很大且刻意，是非常隆重的礼仪。

《礼记》记载，中国古人对站立的要求是："立如齐，立勿跛，中门不立。"意思是说，站立必须不跛不倚，取立正姿势，而且不能站在门的中间。还有要求人站如松，就是站着要如松树那样挺拔。

古人在接受别人的礼物时，必须站着。

> 古人认为下跪是休息，跪拜是轻礼，起立是重礼。

起立行礼是一种社交礼仪，还具有以下心理学意义：

1. **表达尊重**：通过站起来、鞠躬或者敬礼等方式，向对方表示自己的尊重和敬意。

2. **建立信任**：让对方感受到自己的真诚和诚信，从而建立起信任。

3. **增进自信**：通过起立行礼，可以感受到自己的价值，增强自己的自信心和自尊心，从而更好地面对生活和社交中的挑战。

4. **传递情感**：在某些场合，起立行礼可以表达感恩、感激、祝福等情感，让对方感受到自己的真诚。

礼仪小课堂

参加聚会或是到一个陌生的地方，当你在被别人介绍的时候，一定要记得站起身来，让大家清楚地看到你，同时也要记得向在座的其他人点头示意。

要常常说"谢谢"

说"谢谢"是心存感恩的表现,一声"谢谢"可以拉近人与人之间的距离。当我们被他人帮助、关怀、安慰或祝福时,真诚地说一句"谢谢"会让对方感到温暖,觉得自己的付出是值得的。

你送我的糖果很好吃,谢谢你!

嗯,味道不错嘛,再给我一块。

 你更喜欢谁的做法?

感谢他人的方式

当面道谢是表达感谢的最佳方式之一。

这件事真是太谢谢你了！

专门写信道谢也有很好的效果。

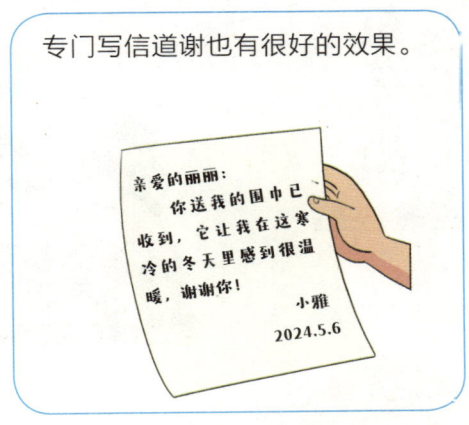

及时打电话道谢具有时效性。

谢谢你的帮助！

请他人代替自己道谢。

小叮咛

当得到他人的帮助或者收到他人送来的礼物时，我们应采用上述几种方式，在第一时间向对方表达自己的感谢，说"谢谢"要及时哦！

这厢有礼

感恩是中华民族的传统美德,作为一种基本的道德原则和道德规范,它是流淌在中华民族血脉中的基本元素。儒家文化的"仁义礼智信,温良恭俭让"就包含着"感恩"。

古人会将感恩之情写在诗句中,让我们一起看看吧!

养育之恩

"慈母手中线,游子身上衣。临行密密缝,意恐迟迟归。谁言寸草心,报得三春晖。"

——唐·孟郊《游子吟》

知遇之恩

"先帝不以臣卑鄙,猥自枉屈,三顾臣于草庐之中,咨臣以当世之事,由是感激,遂许先帝以驱驰。"

——诸葛亮《出师表》

相助之恩

"投我以桃,报之以李。"

——《诗经》

教授之恩

"新竹高于旧竹枝,全凭老干为扶持。"

——郑燮《新竹》

"谢谢"是一个简单而又特别的词语，它每天都被不同的人用来表达自己的感恩之情，我们的生活也因这个简单的词语而变得更加美好。

敲黑板

　　我们不只要对外人表达感谢，对自己的家人也要心存感恩之心，常说一句"谢谢"，不要把你的感恩之情藏在心里哦。

礼仪小课堂

1. "谢谢"要有感而发，诚挚中肯。
2. 表达感谢时要加上被感谢者的称呼。
3. 表达感谢时要提一下致谢的理由，以免对方茫然不知所措。
4. 表达感谢时应话语清晰、直截了当，避免说话含糊不清。
5. 表达感谢时要正视对方双眼，面带微笑。

微笑有礼

在与人交往时，如果我们向对方报以友善的微笑，则会给人一种平易近人的感觉。微笑会化成温暖的力量，缩小人与人之间的距离，它也是有礼貌的表现。

 上图中谁是有礼貌的？

应以微笑待人

微笑有神奇的力量，它有着"友善""没有敌意"等含义，这些都是有助于增进人与人之间情感的元素。与人交流时表情严肃的人，很难给人留下好感。

微笑能拉近距离。

表情严肃会使人敬而远之。

小贴士

过于严肃会给人留下刻板印象——你就是一个严厉的人，不能跟你多说话。

这厢有礼

古人对女子的要求颇为严格,其中很多要求是女子必须要做到的,否则会被认为是无礼的。

笑不露齿

古人要求女子在笑的时候不能露牙。女子可以抿嘴笑或者用帕子挡住口部,而且不能笑得太大声。

坐不露膝

女子在坐着的时候要用裙子遮住腿,不能把膝盖露出来。

行不摇头

古代的女子在走路时不能左看右瞧,否则会被认为是不守妇道。因此古人发明了耳环,方便观察女子走路时是否左顾右盼。

微笑是一种表情、一种语言、一种力量。在生活中，别人的一个简单微笑可以给我们自信与鼓舞；在遇到困难时，微笑可以给我们安慰和动力。

小灯泡

谁都会有心情不好的时候，情绪不好时不必勉强自己或者他人微笑，要勇敢做自己。

礼仪小课堂

1. 微笑时应尽量不露牙龈。
2. 微笑要真诚自然，要发自内心地微笑。
3. 微笑时要保证牙齿干净，避免牙齿上存在异物。
4. 微笑时要看着对方，可以注视对方眉心的位置。
5. 避免假笑，不要在微笑后立刻收起笑容。

日常用品要摆放有序

礼仪的重要作用之一就是使生活有序。将日常用品有序摆放能体现一个人的能力和素养，也能给自己和他人营造一个整洁规范的环境。

小明的衣柜。

小华的衣柜。

 你喜欢谁的衣柜？

物品使用后要及时归位

在日常生活中，我们要有"归位意识"，将使用过的物品放回原位。这样既能保持环境的有序、整洁，也方便我们的下次使用。

小明每天放学回家后的"四步曲"。

1. 把鞋子摆放在鞋架上。

2. 将书包放在书架上。

3. 擦手后将毛巾挂好。

4. 换好家居服后，将外衣、外裤叠好。

小贴士

在家里，我们也要把用过的东西放回原来的位置，以保持家里的整洁美观。

这厢有礼

东瓶西镜

古人的厅堂正中通常摆着自鸣钟，自鸣钟的左侧摆放古瓷瓶，右侧摆放精致的木雕底座镜子。古时称左为东、右为西，故称东瓶西镜。寓意是指"东平西静，终生太平"。

古人家中物品的摆放不仅要干净整洁、物有所归，厅堂中物品的陈设也有一些固定规则和讲究，一起来看看吧！

应随时留意家里有没有物品没有放回原位,如果有,应及时将物品归位。想要养成良好的秩序感,我们要从一点一滴做起。

敲黑板

贴身衣物不要随意摆放。贴身衣物直接接触皮肤,如果乱放,它们可能会沾染细菌,而且将贴身衣物放在公共区域也是不礼貌的。

礼仪小课堂

1. 注意个人物品要分类摆放。

2. 不要将个人物品丢放在客厅、卫生间、厨房等公共区域。
3. 晾晒在阳台的个人衣物要及时收回,并分类收纳好。

不霸占公共物品

公共物品是指那些供公众使用的资源或设施,是社会共享的财富,对于提升公共生活质量具有不可替代的作用。每个人都应该公平合理地使用公共物品,不过度占用资源。

奶奶,您坐这儿吧!

我还没躺够,我才不让座呢!

 上面谁的做法是正确的?

维护公共空间

公共空间的秩序需要每个人的共同努力来维护。不占用公共物品有助于保持环境的整洁和有序,减少不必要的冲突和纠纷,确保资源的合理分配,让更多人受益。

不长时间占用公共座位。

不随意丢弃垃圾。

不占用紧急通道。

> **小贴士**
>
> 不占用公共物品是对他人空间和时间的尊重。在公共场合,每个人都有权利享受公共设施,不占用意味着不剥夺他人使用的机会。

在现代社会，公共空间成为人们日常生活不可或缺的一部分。从公共交通工具到公园长椅，从图书馆到社区中心，这些空间为人们提供了交流、休息和娱乐的场所。

小倡议

让我们每个人都从自身做起，通过自己的行动影响他人，共同营造一个文明、和谐的社会环境。

面对不文明行为的应对策略

1. **积极引导**：面对不文明行为，可以通过友好的提醒和引导，帮助他人认识到自己的不当行为。

2. **合理反馈**：在必要时，可以通过合理的渠道反馈问题，如向管理人员反应情况，寻求解决方案。

3. **自我提升**：在提倡他人遵守规则的同时，也要不断提升自己的文明素养。